AF337998

DES MINISTRES,

DEPUIS

LE MINISTÈRE-VILLÈLE.

D'un Fantôme odieux, FRANÇAIS, délivrez-moi;
Soldats du Dieu vivant, défendez votre Roi.

(ATHALIE).

BIBLIOTHÈQUE ROYALE

AU PALAIS-ROYAL,

CHEZ TOUS LES MARCHANDS DE NOUVEAUTÉS.

1829.

Lb⁴⁹ 1088.

A Monsieur le Comte

DE S^T.-ROMAN,

PAIR DE FRANCE.

MONSIEUR LE COMTE,

Dans toutes les circonstances, vous avez défendu avec éloquence et un rare dévouement, les principes monarchiques ; daignez permettre que je réunisse mes faibles efforts aux accens des fidèles serviteurs du Roi, et qui, comme vous, aiment à combattre les sophismes et la licence des ennemis du Trône.

Je suis avec un profond respect,

Monsieur le Comte,

Votre obéissant serviteur,

C. . . . . .

DES MINISTRES,

DEPUIS LE MINISTÈRE-VILLÈLE.

Où allons nous ? Qu'allons-nous devenir avec le Ministère de la contre-révolution ? Nous sommes trahis, perdus, sans ressources ; le Roi ne jouit plus de l'affection de ses peuples ; nous sommes sur le bord de l'abyme ; mais, patience, le jour de la liberté n'est pas éloigné, *l'Homme aux Catégories, le Marat maderne, le Déserteur de Waterloo, l'Ami de Wellington, le Cousin de tout le monde, le maniaque Garde des-Sceaux,* et *le Chansonnier-Ministre de la Marine*, battront en retraite, honnis, conspués, honteux d'avoir usurpé, trompé la confiance de Charles X..... Ah ! s'ils pouvaient résister à l'opinion publique ; ces Conseillers que le cabinet de St.-James nous impose, *gare au réveil de la Nation ! !....* N'est-ce pas là, en raccourci, les complimens que les trompettes, hurleurs accoutumés des adversaires implacables de la Monarchie, et de tous les gens honnêtes, ont adressé et adressent incessamment à nos Excellences. Ajoutons à ce dédale d'injures et de calomnies atroces, la *capucinade* d'un petit espiègle qui joue un des meilleurs rôles dans le Barbier de Séville, et que nous avons vu, non sans rire, porter le deuil, le lendemain de la nomination des *Ogres* de la France, de ces *Croquemitaines* assez débonnaires pour ne pas se plaindre des coups de lancettes du devergondé confident du comte d'Almaviva.

D'autres faméliques écrivains, usant largement de la liberté de la presse, peu effrayés de la vindicte de Thémis, présentent à nos méditations un avenir orageux, le retour de l'ancien régime, le dépouillement de notre terrritoire, ou notre coopération dans des projets d'infamies politiques. Enfin, des vaudevillistes nous annoncent le battement des mains, la joie des nobles douairières du faubourg St.-Germain. Ils nous rappellent le couplet du spirituel Béranger :

Qui me résisterait ?
La marquise a le tabouret ;
Pour être évêque un jour,
Mon dernier fils suivra la cour.

Mon fils le baron
Quoiqu'un peu poltron,
Veut avoir des croix,
Il en aura trois.

Chapeau bas, chapeau bas!
Gloire au marquis de Carabas!

A tant de ridicules que la charité *libérale* prête à MM. les Ministres, il n'en est de plus abominable que le plan qu'elle leur suppose de marcher à la suite du lord Wellington, comme si notre alliance avec l'Angleterre était et serait un acte honteux pour le Roi et la France. Charles X est maître chez lui; il n'é-coute que les inspirations de sa belle âme, et n'a pas besoin de marcher à la remorque des autres états. Sa fidèle et courageuse armée est la sauvegarde de sa couronne. Passe pour les rébus, pour les bigarrures; mais, tout homme d'honneur, chérissant son pays, son prince et les institutions qui émanent du trône, ne sera plus le maître de son indignation en entendant proférer de pareilles calomnies. Laissant de côté les fadaises, les balivernes des feseurs d'épigrammes, nous nous proposons, et notre tâche sera facile, de peindre les Ministres tels qu'ils sont, sans flatterie et sans autre but que celui de dire la vérité à la prévention, et d'é-

clairer, en citant des faits positifs, des personnes abusées par ce ramas d'impostures, que
la cabale jacobite et des brouillons sans pudeur
osent dénoncer journellement à la crédulité et
à l'animadversion de nos concitoyens.

Le Ministère-Villèle était un ministère *abominable*, *déplorable*. Il avait réduit à 3 pour
100 l'intérêt que l'Etat payait à 5 pour 100;
par cette mesure financière, il forçait le gros
commerçant, le fameux banquier, qui prêtait
au petit patenté, toujours dans le besoin, à 10
pour 100, l'argent qu'il avait à pleines mains
à 3 pour 100, il les forçait, disons-nous, à
diminuer ce taux usuraire.

Par une politique rationnelle, il avait ramené
dans la capitale le Roi d'Espagne, qu'une
insurrection, rejeton de ce principe, *que l'insurrection est le plus saint des devoirs*, fesait
voyager de province en province.

Il n'avait pas cru devoir donner à la Russie
la prédominance dont l'Angleterre a joui très-
long-temps dans les Etats du monde; et à cet
égard, il avait souvent mis en défaut des pré-
tentions qui, suivant le langage diplomatique,
pouvaient occasionner une guerre de *sept
ans*.

Il avait imposé à l'impiété, secouant les
brandons de la guerre intestine et religieuse,

une Société puissante, par son zèle pour la religion revélée, et dont il croyait devoir modifier les statuts anciens.

M. de Villèle n'avait pas adopté cette doctrine tant recommandée, qu'il fallait toucher à la foi, en exigeant que chacun jurât devant Dieu et les hommes, quelle est sa croyance ; et, dans son système, il était devenu, non pas Ultramontain, mais Turc, et tout-à-fait Turc ; car, qui le croirait, si l'histoire ne nous l'avait pas dit : « que les Turs eux mêmes étaient » tellement convaincus que la liberté de cons- » cience est un puissant motif pour retenir » les peuples dans leur devoir, en permettant » le libre exercice de leur religion, qu'un » certain Dychanguir sortant du Sérail, et imbu » des préjugés qu'il y avait reçus, déclara, dans » sa haute puissance, qu'il fallait laisser une » entière liberté aux *Jésuites* et aux prêtres des » autres cultes. »

Bref, il avait pris des mesures pour que l'influence des comités, dits de *régénération sociale*, commençant par rappeler dans les Chambres les vieux révolutionnaires et leurs adeptes, n'absorbât pas l'influence qu'il importe à la royauté de conserver toujours sur le cœur de son peuple ; affection filiale, le moteur le plus actif de toutes les choses humaines, devenue mutuelle entre le père et les enfans.

Des Ministres dévoués à la monarchie, fidèles à l'auguste famille régnante, n'étaient-ils pas les ennemis naturels de ce *journalisme* fougueux qui, à l'ombre du Trône, essaie de nous donner une seconde représentation du 10 août 1792? — Malgré les remontrances d'un ministre qui conservait intactes les traditions de ses ayeux, le plus vif amour pour le Monarque, et les doctrines conservatrices du trône et de la religion, homme au-dessus du danger et franc dans ses opinions énergiquement françaises, ses collègues et lui se démirent du pouvoir. C'est la plus grande faute de l'époque. Oui, cette faute enhardit tous les prôneurs de nos révolutions, de nos calamités publiques. Elle a facilité aux comités de *régénération sociale*, les moyens de s'emparer des élections, de diffamer les propriétaires, de combiner mille mensonges pour troubler les esprits en employant la violence à éloigner les hommes tranquilles des luttes électorales.

Qui aurait pu le croire? La tente est dressée; des hommes coupables de la plus criminelle des entreprises, de la rentrée de Bonaparte en France, et les satellites de cet usurpateur, auteurs de la révolte et de la guerre qui en ont été la suite nécessaire (proclamation de Cateau-Cambrésis, le 25 juin 1815); ces fauteurs, traîtres à leur Roi, avant le 20 mars, font des appels aux principes de vertu et proclament *avec franchise*, que la Charte qu'ils ont presque enterrée, est maintenant leur idole ; et que si l'on touchait à ce pacte, la révolution sortirait par tous les pores des corps politiques.

Qui aurait pu le croire? Un vieillard *octo-génaire* s'est permis de proposer un acte d'accusation contre l'un des anciens Ministres, dont le seul tort, à nos yeux, est celui de n'avoir pas écouté les conseils, l'opinion des députés estimables et qui ne demandaient pas mieux, malgré leur apparence hostile, de soutenir les doctrines salutaires que l'intérêt spéculatif attaquait avec aigreur, et d'abattre les têtes de l'hydre qui menace notre repos et toutes les existences politiques.

Le ridicule et l'opinion ont détruit de fond en comble cette accusation déplorable; le ministre si indignement outragé est sorti de cette lutte parlementaire avec l'estime et la considération que méritent son dévouement et ses grands talens financiers.

Le Roi a témoigné des regrets, en acceptant la démission du Ministère-Villèle : des conseillers, non moins estimables, dévoués à la famille des Bourbons, ont remplacé cette administration.

Sous ce Ministère nouveau, la Révolution a expliqué toute sa pensée ; ce n'est pas parce qu'elle s'est cru dans l'impuissance d'agir, qu'elle s'est contentée d'effrayer le Gouvernement. Cette ligue n'a pas l'intention de renouveler les scènes de 1791, et autres années suivantes ; ce n'est pas par des moyens brusques et sanglans qu'elle imposera un Gouvernement conforme à ses mœurs et à ses intérêts. Le droit d'élection appartient à la Nation entière. La résistance est aussi *nécessaire* que *légitime*, contre qui voudrait stipuler les intérêts d'un parti quelconque. Si les destinées d'une grande nation doivent être encore la proie du caprice et de l'arbitraire d'un nombre minime de *privilégiés* ; alors, cédant à la force, la représentation nationale protestera, à la face du monde entier, des droits de la nation française *opprimée* ; elle en appellera à *l'énergie* de la génération actuelle, pour revendiquer à la fois l'indépendance nationale, et les droits de la liberté civile. (Extrait de la proclamation du 2 juillet 1815, insérée dans le Bulletin des Lois.)

Les organes de la Révolution ont du moins manifesté, à la tribune des Chambres, la volonté de ruiner la puissance royale, de *dépourvoir* le Roi de tous moyens d'action, de contester ses droits, d'entraver sa marche.

Le Journalisme s'est montré plus hardi, plus adroit : il a préludé par prodiguer des éloges outrés aux nouveaux Ministres; suivant lui, ces conseillers avaient promis de conserver l'indépendance nationale, en enlevant au Roi des droits *usurpés*, pour les disséminer dans les assemblées populaires, appelées départementales, cantonales, souveraineté du peuple. Tel est le droit qu'il traite d'imprescriptible ; et le *privilégié* qui en a l'exercice, n'est, à leurs yeux, qu'un simple fonctionnaire public.

Un Régicide meurt, on crie sur sa tombe : il était vertueux. Ce n'est pas de l'homme dont on entend parler, mais de son vote.

Le citoyen Motier Lafayette a toujours la manie des voyages. L'épée à la main, le général se promène en Amérique. Monté sur son cheval blanc, il va de Paris à Versailles pour enlever son Roi, prisonnier dans son château, et l'amener aux Tuileries, aux acclamations d'une multitude exaltée.

Le citoyen Lafayette va de Paris à Vincennes, où des frères et amis détruisent le Donjon. Il repousse et désarme les fidèles qui s'arment dans le palais de la Famille Royale pour faire tête aux brigands, qui demandent à boire ce sang précieux. Il fait parade de son courage, sur la route de Meaux à Paris, en se mettant en évidence aux yeux du Monarque, amené de Montmédi dans sa capitale. De Paris, il se rend dans les départemens du Nord, pour commander une armée. Il revient à Paris, et lit à la barre de la Chambre un discours dont M. Bureau de Puzy est le rédacteur. Le général retourne à son armée, *déserte* à l'étranger, avec armes, bagages, etc. On l'emprisonne à Olmutz : Napoléon pénètre en Allemagne ; il brise les fers du *déserteur*. M. Lafayette et ses amis écrivent à leur libérateur, de leur retraite solitaire, sur le territoire danois du Holstein, qu'ils joignent au vœu de leur patriotisme pour la *République*, l'intérêt le plus vif à l'illustre général..... (Lettre datée du 6 octobre 1797, insérée dans le Journal des *Débats*, brumaire, p. 303). L'illustre général qui n'aime point la *République*, veut bien laisser en repos le héros républicain.

Mais M. Lafayette voyage de son pays à la Chambre des Députés ; de-là, il se rend au-devant des généraux alliés, pour les prier de ne point brûler une amorce *contre la souveraineté du peuple*, qui prétend donner un chef nouveau à la nation.

Il reprend l'air natal, et les marchands de fromages de la Brie en font leur représentant.

Un petit voyage aux États-Unis, entrepris sans nul motif *d'ambition*, attire sur sa personne un grand intérêt. Les Américains se prosternent devant leur libérateur. Pour la première fois, il est bien fêté.

Bientôt on le voit se promener dans le Lyonnais, ayant à la suite de son char les niais, les rieurs et les pantins à soubresauts politiques.

Quant à ses paroles, toutes vraies jérémiades, elles se réduisent à cette phrase : « La Nation est indignement déshéritée de ses droits imprescriptibles. »

Est-ce bien la personne de M. Lafayette qui a été fêtée ? Non, c'est l'homme de la Révolution, que les fauteurs de nos calamités publiques ont environné de leur estime.

Ses talens militaires n'ont pas été plus re-marqués à l'armée du Nord , d'où il s'est en-fui , qu'au Champ de Mars , à la journée du Drapeau rouge , d'où il s'est sauvé , pour échapper à la fureur du peuple , déjà désen-chanté.

C'est pendant une partie de ces saturnales, préparées par le nourrisson d'une république, que les nouveaux ministres se sont trouvés dans la nécessité de faire des concessions aux notabilités libérales.

Qui ignore que l'ennemi du trône ne soit sans cesse en sentinelle ; sa capacité s'empare de la moindre faute , de la plus simple erreur ; sa fierté qui lui inspire le sentiment , qu'il a vu ou lu , que dans nos troubles politiques, des hommes ont secoué le joug de l'obéissance à leur vénérable chef, à des droits acquis par une suite de siècles, enflamme sa raison, égare son esprit. Il conjure.

Ce second ministère aurait pu répéter à cette petite et aveugle puissance, les paroles de Sylla , lorsqu'il vit la tête de Marius, nommé consul à 20 ans : « Il aurait dû manier la rame, avant de » tenir le gouvernail ; » car, il importe de reconnaître qu'une jeunesse , dont on fascine les yeux, par spéculation , est toujours mise à l'avant-garde des révolutions par d'incorrigibles intrigans et d'incurables régicides, dont l'âge n'a pu tempérer, modifier l'intention criminelle.

Un ministre, dont le talent incontestable égale une fidélité à toute épreuve à son monarque, a fait rendre des ordonnances pour réorganiser nos colonies. Ses intentions étaient pures et loyales. Des agens ont mal compris ses généreuses pensées, et là, où il fallait temporiser, on a brusqué. Des démissions de magistrats pouvaient bien ne pas être acceptées avant que les agens en eussent référé au Ministre qui ne désirait qu'une amélioration locale et concorde générale. Déjà, il en pesait les motifs dans sa sagesse, et les intérêts des Colons allaient être mieux entendus lorsque le pouvoir est tombé de ses mains.

Un autre Ministre, Cicéron à la tribune, administrateur zélé dans son cabinet, et contre lequel on a fait cette mauvaise plaisanterie : *Il a la parole, mais pas de parole*, a pensé qu'en sacrifiant à la *fraction* qui le pressait de demandes exhorbitantes quelques hautes prérogatives, il parviendrait à tranquilliser ces exprits exigeans ; il s'est trompé. M. de Martignac, indigné de cette méprise qui n'avait rien que d'honorable, n'a pu s'empêcher de crier avec rai-son : *Nous marchons à l'anarchie.*

C'est d'après les aveux de faits incontesta-bles, et à cause de la mauvaise direction donnée à l'esprit public, que le Roi, dans sa paternelle sollicitude, a jugé instant de rem-placer ces Ministres.

S. M. aurait pu ajourner l'exercice de son pouvo r royal, en considérant que ces esprits de désordres se divisaient ; que M. l'abbé de Pradt, le *régénérateur officieux* de tous les empires, s'éloignait d'un parti qui ne marchait qu'en tremblant, à l'anarchie ; qu'une querelle polémique s'était élevée et prenait chaleur à l'occasion de la dictature de Bolivar, entre lui et M. Benjamin-Constant ; que MM. Voyer d'Argenson et de Chauvelin venaient de renon-cer aux fonctions de députés, parce qu'ils n'étaient pas assez *gauches* pour croire au prochain rétablissement des libertés (révolu-tionnaires) ; qu'enfin la *gauche* et le *centre gau-che* de la Chambre, tombés dans un état flagrant de divisions, se disputaient, se dissolvaient, ou passaient à la *droite*.

Charles X a des idées plus élevées ; le Mo-narque qui a prononcé cette belle sentence: qu'*il aimerait mieux être un Roi exilé, qu'un*

(19)

Roi avili, a fait cesser la tourmente et substitué
à des Ministres appelés faibles, des Ministres
forts de principes monarchiques, qui ne redou-
tent point les difficultés: ils marcheront au
but d'une restauration complète, comme le
voyageur de Bocalini, sans écouter les cigales
qui ne FRAPPENT que le vague des airs.

Leur avénement a produit un mouvement
spontané. La haine libérale a pris son style
farouche. La prévention s'est couverte de deuil.
La colère a lancé son foudre. La prétention
déchue a déchargé sa bile chaude. C'est le
coup d'humeur.

M. de Labourdonnaie est celui des Ministres, contre lequel les journalistes à visage
tricolore ont tiré à boulets rouges.

M. le comte de Labourdonnaie, né en 1767,
servait en 1789 dans le régiment d'Austrasie;
à cette époque, il fut nommé officier munici-
pal. Il émigra en 1792, servit dans l'armée de
Condé, rentra en France, se joignit aux Vendéens et se battit en brave.

Le Français aime la liberté; à l'exemple d'un
peuple voisin, il s'est appliqué, depuis près
d'un siècle, à en analyser l'histoire et à juger
ses résultats.

L'Assemblée constituante, au lieu de détruire les abus et de prendre en considération les remontrances des sages, pour les remplacer par des innovations indiquées dans des cahiers en général formés au flambeau de la saine raison, qui est l'âme et le but de tout Gouvernement établi; elle ne fut qu'un sable mouvant, d'où sortirent les orages dont les ravages ont épouvanté le monde.

Un homme paraît; il déclara que le sang du juste ne serait plus versé sous son règne, que son administration serait le crépuscule du bonheur de la France, et que ce ramassis d'êtres abrutis et féroces serait chassé, exilé, condamné. L'alarme fut dans le camp des régicides et de leurs complices. La vertu, toujours confiante, reprit son domicile dans son pays natal.

M. le Cte. de Labourdonnaie rentra dans ses foyers. Il fut nommé Membre du Conseil général du département de Maine et Loire; de même qu'avant l'affreuse catastrophe du 18 fructidor, les sujets du Roi s'entendirent pour renverser ce Gouvernement anarchique, où, comme un vil troupeau, le peuple était sacrifié par les démagogues, dont les rangs n'étaient encore qu'éclaircis; de même, sous le Consulat, et l'Empire, les sujets du Roi cherchèrent à prendre position dans les Chambres législatives, pour rétablir l'édifice détruit; ils ne purent que le récrépir, l'étayer.

M. de Labourdonnaie fut nommé, en 180?, candidat au corps législatif.

La machine du Gouvernement avait des ressorts opposés, qui se soutenaient et se buttaient de manière que si l'un éprouvait des dommages, tout était brisé.

La Providence ordonna. Le Roi, son fils aîné, reprit son spectre.

M. de Labourdonnaie fut nommé député, en 1815.

Libre et indépendant, il fit la critique foudroyante des temps qui avaient changé l'état des choses et des personnes; il mit le cachet de la honte sur les destructeurs ambitieux gorgés d'or: tenant à sa main le décret impérial rendu à Lyon, le 12 mars 1815, il en prit texte pour proposer, le 11 novembre même année, un projet d'amnistie; ce projet n'était, à quelques exceptions près, que la répétition des considérans et des articles de ce décret lyonnais.

Le 2 janvier 1816, il répéta que les régicides qui avaient pris part à la révolte de Mars, ne possédaient aucune vertu, puisque la clémence n'avait pu les désarmer; qu'ils étaient toujours dangereux, et que le bannissement de pareils hommes était commandé par l'intérêt public.

Qu'a donc fait M. de Labourdonnaie? Mérite-t-il toutes ces attaques, passionnées, délirantes?

Il est l'*homme des catégories!* — Il a émis son opinion sur le sort des assassins de son Roi. Ce discours, prononcé à la tribune, en 1815, a été reproduit dans le journal des *Débats.* Ce sont les apologistes des libertés, qui reprochent à un député d'avoir donné son avis sur une question de la plus haute importance.

Assassiner son Roi! N'est-ce pas le plus grand des crimes? En Angleterre, les régicides de Charles Ier. furent mis à mort.

M. de Labourdonnaie a dit : « Il faut des » fers, des bourreaux. » Le Code pénal n'a-t-il pas établi des catégories pour chaque espèce de crimes ?

Les juges des assassins de Charles Ier. ont appliqué la peine de mort aux uns, et d'autres peines à quelques autres.—C'étaient des catégoristes.

Louis XVIII, dans sa proclamation, datée de Cambrai, le 28 juin 1815, disait : « Je ne » veux exclure de ma présence que ces hom-

» mes dont la *renommée* est un sujet de dou-
» leur pour la France, et d'effroi pour l'Eu-
» rope. *Dans les trames qu'ils ont ourdies,*
» j'aperçois beaucoup de mes sujets égarés,
» et *quelques coupables......* Je dois, pour la
» dignité de ma Couronne, pour l'intérêt de
» mes peuples, excepter du *pardon* les insti-
» gateurs et les auteurs de cette trame horri-
» ble. Ils seront désignés à la *vengeance* des
» lois, par les deux Chambres. »—Louis XVIII
était catégoriste.

Fouché, duc d'Otrante, régicide, dans un rapport présenté au Roi, en qualité de Ministre de la police, donne la liste de ceux des assassins de Louis XVI, qui doivent être exilés à jamais de France, et des auteurs, instigateurs et fauteurs de la trame horrible qui a été ourdie, avant mars 1815. — C'était un fier catégoriste, que le signataire des ordonnances de juillet !

Enfin, la loi du 12 janvier 1816 fait des distinctions entre les coupables, les égarés.... Que de députés, que de pairs catégoristes !

Si M. le comte de Labourdonnaie est coupable pour avoir demandé, le 11 novembre 1815, que les régicides qui devaient être livrés

aux bourreaux, aux termes des lois préexistantes
et par l'exemple de ce qui avait été fait en Angleterre, pourraient être amnistiés, à des conditions
que la politique indiquait, il a bien des complices. On ne peut pas dire de ce grand publi-
ciste ce qu'on a osé dire de l'infame Louvel : Son
crime est *isolé*.

Que d'hommes *féroces* en France ! Depuis
1815, jusqu'à ce jour, le nombre en a augmenté
chaque année, puisqu'à chaque renouvelle-
ment des Chambres, la majorité des députés
n'a pas demandé que les régicides, exilés à
perpétuité du territoire français, vinssent y
reprendre leur existence civile. Des sycophan-
tes de liberté ont essayé de leur faire ouvrir
les portes de notre paisible France, en facili-
tant l'entrée dans la Chambre à GRÉGOIRE,
qui, en bon chrétien, nous a révélé sa pensée,
« que les Rois étaient au moral ce que les mons-
tres sont au physique » ; et puis encore, ont
mendié des pétitions, pour que l'humanité fît
cesser cette justice, dont la rigueur éloignait de
la patrie des *sujets* prêts à jurer *fidelité* au Roi ;
mais personne n'a été dupe des intentions
perverses qui s'adressaient à la générosité.

Reconnaissons, de bonne foi, que cette
étrange inculpation de férocité n'est pas faite

au nom, à l'opinion de M. de Labourdonnaie ;
c'est l'immuabilité de ses principes monarchiques ; c'est la franchise de son caractère ;
c'est sa raison, toujours ferme et forte, qui
fait reculer d'effroi les mauvais doctrinaires,
les coteries séditieuses, qu'on attaque avec une
telle fureur, que tout est ridicule, absurde et
digne de pitié, dans la bouche ou sous la
plume de ses adversaires.

S'il en était autrement, aurait-on vu l'écri-
vain du Journal des *Débats* reprocher à M. de
Labourdonnaie son opinion sur les régicides,
lui qui, dans le temps, demandait les têtes de
tous les régicides ; et ne voulait pas qu'on les
mît sur des listes catégoriques ?

Une autre attaque vient d'être dirigée contre
M. de Labourdonnaie ; et c'est dans le journal
de Maine et Loire, année 1804, qu'on le représente comme enthousiaste de Napoléon.

Le Roi de France, Louis XVIII, n'a-t-il pas
rendu témoignage des talens de ce grand capi-
taine ? L'Europe elle-même, que son mérite
militaire et sa renommée ont tant effrayée,
n'a-t-elle pas reconnu, dans le soldat heureux,
une capacité extraordinaire ?

Et si M. de Labourdonnaie, à l'exemple de
la grande majorité des Français, a cru que Na-

poléon n'était qu'un Monck français , pourquoi n'aurait-t-il pas applaudi aux succès d'un
général qui défendait l'Etat contre l'usurpation,
ou dans l'intérêt de son Roi ?

Ce sont, ce qui est trop plaisant, les admi-
rateurs, les Seïdes de ce despote orgueilleux,
qui reprochent à M de Labourdonnaie l'une
de ses actions, commune à presque tous les
Français, et à ceux d'entre eux qui, par des
sentimens politiques, trouvent qu'il y a souvent de l'ordre dans le mal, comme dans le
bien, et que cet ordre finit toujours par rame-
ner à un centre d'action, à une intelligence
réparatrice.

Il faut enfin qu'une main habile dessine les
rouages de notre Gouvernement, en calcule les
forces et en détermine les résultats. M. de Labourdonnaie a la force nécessaire pour se char-
ger de cette honorable entreprise, même en
présence des écrits politiques qui chaque jour
dessèchent, de leur souffle impur, toutes les
combinaisons utiles, générales.

Le prince de Polignac est le second des Ministres contre lequel le *journalisme,* par des procé-
dés obliques et tortueux, lance des traits acérés.

D'abord, on le dit *jésuite,* parce qu'il remplit exactement ses devoirs religieux; ensuite,

on lui reproche ses liaisons intimes avec le lord Wellington, l'ennemi des français parce que la fortune lui fut favorable à Waterloo. Enfin l'intelligence de M. le prince de Polignac, paraît étroite à messieurs les illuminés, qui, comme on le sait, possèdent admirablement toutes les vertus.

Ce jésuite est tolérant, puisqu'il est l'ami d'un anglais Protestant.

M. de Polignac peut bien voir dans la société, et diplomatiquement, un étranger que le Roi Louis XVIII avait nommé maréchal de France *ad honores.*

Ce général anglais, ainsi que les généraux des autres puissances, n'ont combattu la révolte de *Mars*, que comme alliés du Roi de France; à l'exception des affamés de *révolution*, les Français ont retrouvé dans leur coalition, la tranquilité, dont ils avaient été déshérités momentanément.

La trahison a été vaincue. Il n'y a que des traîtres, des infidèles, des révolutionnaires, qui déclament contre l'action, intéressée, si l'on veut, des puissances étrangères. Devrions-nous tant nous plaindre d'une coalition qui nous a rendu les Bourbons et les libertés publiques ?

Que les événemens de l'Orient exigent que la politique de notre cabinet ne conserve pas le caractère d'observation et de neutralité qu'elle a montré jusqu'à ce jour; M. de Polignac, toujours français, en discutera, soutiendra les droits, les intérêts et la gloire.

Ce Ministre a pour guide un *Français de plus.* Charles X saura maintenir les droits de sa Couronne et l'honneur de la patrie.

Le frère qui a demandé à Napoléon, la mort, pour conserver la vie de son frère, a donné la preuve de sentimens généreux, d'une résignation rare; et, si les intérêts de famille lui sont précieux, le Prince de Polignac doué d'un esprit droit, trouvera toujours des ressources suffisantes pour rendre heureux les sujets de son Souverain: et c'est le journal des *Débats,* qui l'avoue lui-même: Retenu par une haute amitié, sa vie tout entière appartient à la Couronne.

Les Ministres qui se sont succédés, ont maintenu M. de Polignac au poste difficile et glissant d'ambassadeur près la Cour de St.-James. Tous ont donc reconnu dans ce diplomate une intelligence supérieure. Eh ! si nous avions sous les yeux les difficultés que M. de Polignac a combattues, les succès que son esprit de conciliation, la rectitude de son jugement, ont obtenus dans diverses circonstances graves, le journal des *Débats* aurait honte d'avoir publié qu'il n'avait pas beaucoup *d'imaginative.*

M. le vicomte de Lodoïs Marcellus, homme élevé à l'école de la probité, de la vertu, apartenant à une famille si recommandable par ses sentimens monarchiques, poursuit avec zèle et talent les travaux multipliés du ministère des affaires étrangères avec M. de Polignac.

M. le Comte de Bourmont, on le représente comme un Ministre anti-*populaire*, un *traître*, un *déserteur à l'ennemi.* La popularité, dans le jargon libéral, n'est rien autre chose que la souveraineté du peuple ; et, en bon principe, cette souveraineté ne nous paraît que la subversion de toute société.

M. de Bourmont n'ambitionne pas sans doute le titre fastueux d'homme du peuple. Il est un traître !!... Qui donc a-t-il trahi ? La République. Il l'a combattue, les armes à la main, dans les plaines de Bretagne, Maine, et de Normandie.

Officier aux Gardes Françaises en 1789, il

émigra , servit comme aide de camp du prince
de Condé.

Il quitta l'armée de Condé en 1793 , après
la prise de Weissembourg , pour se rendre ,
par ordre , auprès de M. le vicomte de Scé-
peaux , qui le nomma major général de son armée (Vendée). Il devint membre du Conseil
supérieur créé par les Chouans du Maine , fit
plusieurs voyages en Angleterre , chargé de
missions qu'il remplit en habile négociateur.
Il se rendit auprès de S. A. R. Monseigneur le
comte d'Artois (à Edimbourg) , qui le reçut
Chevalier de l'Ordre de Saint-Louis.

Revenu à son poste , il vit tous les Chefs
royalistes capituler avec les Républicains. En
1796 , il ne se soumit lui-même qu'à la condi-
tion que le général Hoche lui laisserait la liberté de retourner en Angleterre.

En 1799 , il revint en Bretagne , débarqua
sur les côtes du Nord , et fut , escorté par les
soldats de Georges , jusqu'à la division de la
Prévalaye , et passa dans le Maine. Il marcha,
toujours à la tête de son armée, de triomphe
en triomphe. Entré dans le Mans , il battit de
fortes colonnes de Républicains.

Des conférences se tinrent entre les chefs
royalistes , à Montfaucon , près Angers : il fut

d'avis de continuer la guerre. Il se porta sur Morlaix, dont il occupait déjà le faubourg Saint-Denis, quand il apprit la signature d'une capitulation par la Prévalaye, la défection du comte de Châtillon, battu à Belay. Ses soldats exigeant qu'il se soumît aussi, s'indisciplinèrent ; et, après avoir pris l'avis de Georges, il signa le traité.

Il vint à Paris en 1800, y épousa mademoiselle de Bec-de-Lièvre, y vécut quelque temps.

L'explosion de la machine, dite infernale, dans la rue Saint-Nicaise, rendit suspects aux yeux du Gouvernement d'alors, tous les anciens Chefs Vendéens qui résidaient dans la capitale.

Et M. de Bourmont fut arrêté, mis au secret au Temple.

On a su que le ministre Fouché avait ordre de leur accorder la liberté, à des conditions déshonorantes. Est-il vrai que la faiblesse d'un seul ait sali son beau nom, en acceptant la fonction la plus humiliante ? M. de Bourmont, appelé au cabinet du ministre, ne put entendre, sans indignation, une proposition honteuse. Sa réponse fut courte : « Ramenez-moi aux Carrières. »

En 1803, il fut transféré dans la citadelle de Dijon, et de là à Besançon. C'est de cette dernière prison d'Etat qu'il parvint à s'évader dans la même année.

Il se retira en Portugal. Il se trouvait à Lisbonne, avec sa famille, quand le général Junot s'empara de cette ville, en 1810.

Le général Junot le fit comprendre dans la capitulation. et le ramena en France.

Napoléon qui avait fait lever le séquestre apposé sur les biens de M. de Bourmont, désira se l'attacher : il le nomma colonel, ensuite général de brigade, puis général de division. C'est en cette dernière qualité qu'il a fait les campagnes de 1813 et 1814. Son nom a été souvent mentionné honorablement dans les rapports officiels. Le titre de bon Général lui a été donné, et lui est resté.

On n'ignore pas que M. de Bourmont a été l'un des premiers à se soumettre à son Roi, qui, le 20 mai 1814, le nomma commandant de la sixième division militaire.

Il était en cette qualité à Besançon, quand Napoléon débarqua, en 1815, sur les côtes de Provence.

Il avait fait ses dispositions pour arrêter Napoléon, qui avait relevé les officiers de leur serment, et renoncé, par un traité solennel, à la Couronne de France. Quand le maréchal Ney arriva à Lyon, il ne fut plus chargé que de commander une division.

Il blâma ouvertement la proclamation que fit ce maréchal contre la maison des Bourbons.

Il vint à Paris; Napoléon le renvoya à son poste.

M. de Bourmont ne dissimula pas, que s'il restait à la tête de sa division, c'était pour maintenir le soldat dans une stricte discipline; mais que s'il recevait l'ordre de marcher contre les alliés du Roi, sur les frontières du Nord, il se démettrait de son commandement.

Il avait fait parvenir l'expression de ces sentimens à M. le duc de Feltre, ministre de la guerre, qui lui répondit que le Roi approuvait une conduite aussi loyale, et qu'il le recevrait à Gand, toujours avec estime.

M. le marquis de Castres, commandant civil pour le Roi de France, à Namur, avait ordre de protéger son voyage à Gand, et fut chargé de transmettre la lettre du duc de Feltre à M. de Bourmont.

Cet officier français, sachant qu'il allait recevoir l'ordre de porter sa division sur Charleroi, se démit, partit le 14 juin, arriva le 16 au soir, dans Gand, accompagné seulement de ses deux aides de camp.

Qui pourrait soutenir, maintenant, que M. de Bourmont a déserté? Officier loyal, il ne veut pas porter les armes contre son Roi ; il ne détourne point le soldat d'obéir à leur chef ; ne le séduit, ne le corrompt pas ; il ne se battra pas, non plus, contre Napoléon.

Il n'ignorait pas que Louis XVIII avait résisté au vœu de sa p tite armée, réunie à Alost et dans les environs ; M. le Duc de Berri, à sa tête, brûlait d'impatience de joindre ses armes à celles des alliés, pour replacer le Roi légitime sur son trône.

En effet, dans sa proclamation datée du 25 juin, à Cateau-Cambrésis, Louis XVIII, qui était parti promptement de Gand, pour ne pas assister au *Te Deum* que les alliés firent chanter, en réjouissance de leurs triomphes sur ses Sujets, déclara : « Nous n'avons pas voulu unir nos bras, ni ceux de notre famille, aux instrumens dont la Providence s'est servie pour punir la trahison.

Si M. de Bourmont n'a pas déserté à l'ennemi, il n'a pas non plus trahi.

Il a quitté son commandement, et n'a emporté que ses armes, pour protéger son voyage :

il n'était pas dans le secret de la marche ulté-
rieure de sa division ; il n'avait aucune connais-
sance du plan de campagne ; il a voyagé, après
que les armées se sont trouvées en présence ; il
n'a même pas fait sa cour au Roi ; il n'a rendu
visite au Ministre de la guerre, qu'àprès la ba-
taille de Waterloo, parce que son état maladif
l'a forcé de garder sa chambre.

Trouvera-t-on, dans cette conduite, le moindre caractère de trahison ?

L'imputation est diffamatoire. Ceux qui s'en
rendent coupables, savent bien qu'ils com-
mettent un délit ; et parce que, *quant à présent*,
on n'en poursuit pas la réparation, ils s'enhar-
dissent à l'agraver, de jour en jour. Si la vérité ne peut faire taire le mensonge, la justice
réduira les calomniateurs au silence.

M Courvoisier a dû avoir sa part aux outra-
ges du parti, qui veut faire marcher l'agitation.

Il est monomane ! parce qu'il est ami de sa
religion, parce qu'il a confié l'éducation de l'un
de ses enfans à un pensionnat dirigé par des
jésuites. Il est juste que les impies qui s'étu-
dient à écraser *l'infame*, appellent *fou*, l'homme
moral qui trouve sa consolation dans la prati-
que des devoirs religieux.

Il a été soldat de l'armée de Condé ; cas pen-

3 *

dable, sans doute; mais il a siégé, comme
député, au centre gauche; il aurait dû avoir
sa grâce.

Ce député, siégeant au centre gauche, a
toujours professé des doctrines monarchiques;
il a défendu, avec modération, les droits de
la Couronne et les intérêts du peuple. Oui,
nous dit-on; mais pourquoi ne veut-il pas
laisser en paix les *comités directeurs.*? Déjà,
comme procureur général près la Cour
Royale de Lyon, il a été sur le point de connaître nos chefs, nos correspondances, nos
commis, pour causer le tourment de leur vie?
Nous ne lui pardonnerons jamais sa trop in-
quiétante inquisition.

M. Montbel, ancien maire de Toulouse, ne
peut pas avoir notre confiance, dit le parti
libéral : il est l'ami de M. de Villèle; sa fa-
conde tribunitienne a coopéré à faire rejeter
notre accusation contre ce *diable d'homme*,
qui a la parole à tout : puis, c'est le fils d'un
ancien conseiller au parlement de Toulouse;
nous ne voulons pas de ces féodaux; c'est
un grand maître qui ne peut pas nous con-
venir. Au moins, on dévoile ici l'arrière-pen-
sée!!

M. d'Haussez, Ministre de la marine, est un
normand dont il faut se défier, continue le

même parti, parce que, comme maire de Neufchâtel, il a fait arborer, dans sa petite commune, le *drapeau blanc*, trois jours avant que la Capitale eût foulé aux pieds les couleurs tricolores. . . .

M. Chabrol, ministre des finances, grand ami de M. de Villèle, a montré, dans toutes ses fonctions, du talent, du désintéressement, de l'économie ; et une longue expérience dans les affaires est la garantie de vues droites, de conseils sages, et de la conservation des principes constitutionnellement monarchiques.

Ces deux Ministres qui n'ont encouru qu'une simple improbation, n'inspirent pourtant pas de confiance, et ils doivent être absorbés, comme les autres, par un coup d'Etat révolutionnaire.

Un coup d'Etat révolutionnaire !! Tel est le cri, telle est la menace des écrivains factieux !

Le journal des *Débats* est le premier qui a donné le moyen, le moyen infaillible, de renverser le ministère actuel : — refus du budjet, non-paiement d'impôts.

La Gazette de France a prétendu que ce journal a servi tour à tour les partis, propagé toutes les passions, abusé de tous les principes, déshonoré tous les langages, reçu des *subsides* des Ministres les plus opposés, s'est fait donner *cinq cent mille francs* pour se taire , quatre places de conseiller d'Etat , et que, déployant jusques sur les siens la plus odieuse tyrannie , il les a obligés à se démettre des emplois dont il les a pourvus, quand il a vu que la domination qu'il exerçait sur le Gouvernement venait à échapper de ses mains.

Si ces faits sont vrais, c'est donc le dépit d'avoir été *désappointé*, qui rend la plume des rédacteurs de cette feuille , furieuse , insolente et contre-révolutionnaire.

Le premier outrage qu'ils ont fait au Roi, c'est de professer que l'exercice de son pouvoir, en choisissant ses Ministres, est dans les attributions de la censure publique.

Un jugement de première instance a condamné M. Bertin.

C'est ce même *Journal des Débats* qui nous dit ingénuement que les publicistes du Ministère ont une véritable *monomanie* de *comité directeur*, et que c'est une fantasmagorie mise en avant, pour que la Monarchie s'arme de mesures extraordinaires.

La Gazette de France (du 10 septembre) fait une réponse judicieuse.

« Ici, dit-elle, les faits sont matériels et

» patens ; ils parlent plus haut que les inten-
» tions des royalistes.

» Y a-t-il ou n'y a-t-il pas en France une ac-
» tion centrale , organisée hors du Gouverne-
» ment, pour diriger les opérations électorales
» et toutes les affaires d'une faction ? Nous en
» appelons , pour la réponse à cette question ,
» à toutes les villes de France. Il n'en est pas
» une où l'on ne sache de qui le comité sous-
» directeur est composé. Ces comités ont été
» reconnus par M. Marschall à la tribune de
» la Chambre. Ils ont été découverts dans la
» vérification des pouvoirs en 1828; ils ont été
» avoués par tous les journaux du parti. Ces
» comités , qui les choisit, qui les institue ?
» qui organise les bureaux de semaine ? qui
» leur envoie des instructions ? qui dresse les
» listes électorales de tout le royaume ? qui
» impose aux arrondissemens et aux départe-
» mens des candidats entièrement inconnus
» d'eux ? qui prescrit des assemblées prépara-
» toires ? qui en nomme les présidens et les
» secrétaires ? qui expédie les courriers et ré-
» dige les circulaires que signe le sieur Mar-
» chais ? Ainsi ce fait est donc d'une notoriété
» indépendante de toutes les suppositions du
» *Journal des Débats*. »

C'est ici le moment de rappeler l'une des diatribes dirigées contre M. Courvoisier, «dans un esprit de tourmente ; il recherche et ne trouve pas ce comité directeur. »

Si M. Courvoisier , alors Chef du Ministère public , n'a pas trouvé le corps matériel de ce Comité , pour le traduire devant les tribunaux, comme *conspirant* contre l'État, il n'en a pas moins rempli un devoir.

« Nulle association , dit l'art. 291 du Code pénal, composée de plus de vingt personnes , dont le but sera de se réunir tous les jours , ou à certains jours marqués , pour s'occuper d'objets religieux , littéraires , *politiques* ou *autres* , ne pourra se former qu'avec l'agrément du Gouvernement , etc. »

L'art. 133 du même Code porte :

« Tout concert de mesures contraires aux lois, pratiqué , soit par la réunion d'individus ou de corps dépositaires de quelque partie de l'autorité publique, soit par députation, ou par *correspondance* entre eux, sera puni, etc. »

Où est cette association ? qui prend part à la correspondance ? Sont-ce des fonctionnaires publics que la loi punit ?

La recherche appartient de droit au ministère public.

M. Courvoisier est donc dans l'exercice de son droit, quand il fait rechercher les délin-quans, pour les connaître.

Est-ce de ce Comité directeur, ou du journal des *Débats,* qu'est partie la *Proclamation* au peuple, de ne pas payer l'impôt, si le ministère porte une main sacrilége à la Charte ?

Ce n'est là qu'un prétexte, puisque, auparavant, les feuilles *libérales* conseillaient à la Chambre de refuser le budjet. Elles prétendaient par-là forcer la Couronne à renvoyer ses Ministres.

N'ont-elles pas soulevé la question de savoir, si l'on devait payer les contributions votées dans la session dernière? « Le vote se trouvait en faveur du ministère d'alors, et non pour le ministère d'aujourd'hui. » La honte a saisi les discutans. Leur conscience reconnaît que le budjet est pour le service de l'Etat; la position d'une question aussi pitoyable que factieuse est rentrée dans le néant.

Mais si les Ministres ne violent pas la Charte, comme ses adorateurs l'ont violée, en substituant la septennalité à la quinquennalité, à quoi auront servi toutes ces déclamations insensées contre une *poignée de brouillons politiques, menaçant d'essayer l'audacieux projet de ren-*

verser les liens des garanties constitutionnelles consacrées par la Charte ? toutes ces Fédérations bretonnes, normandes, bourguignonnes (sur le papier), et les souscriptions à 10 fr. par tête, pour soulager les victimes de *l'arbitraire ?*

La mesure paraît bonne, excellente, répondra-t-on : d'une part, elle sert de texte aux écrivains habiles de la faction révolutionnaire ; de l'autre, cette mesure donne la statistique des frères et amis, prêts à se soulever contre *l'autorité légitime.*

Cette fédération, dont le *statut* paraît avoir été envoyé par le grand Sanhédrin de Paris, aux succursales des départemens, ne constitue pas seulement un délit, mais un crime, puisqu'elle n'est qu'une résistance organisée par voie d'interprétation, que la faction entendra donner à tout acte même légal.

Que prétendez-vous, citoyens sans mission, sans foi ni religion, ennemis jurés de l'ordre, de la légalité, des convenances? Appeler sous vos drapeaux d'insurrection, le peuple aux armes, renouveler les scènes affreuses de la révolution, vous emparer du pouvoir royal?

Si l'on vous écoute quelquefois, c'est que votre langage, astucieux et mielleux, surprend la confiance , séduit les crédules ; mais , avec un peu de réflexion, chacun revient à un système de modération , d'affection pour la Monarchie , qui est la sauvegarde des intérêts publics.

On connaît vos antécédens ; on sait le but où vous voulez atteindre. Sur vos étendards , on lit ce mot : *Révolution.* Le drapeau blanc est l'idole de nos cœurs. *Fidélité au Roi , aux principes monarchiques , respect à la Charte constitutionnelle.* Voilà nos sentimens.

Si vous demeurez en sentinelle, nous, nous sommes en vedette ; nos pas ne seront point perdus. Haïssant le despotisme , obéissant , soumis aux lois, les Français , dignes d'un regard de Henri IV, ne rêvent aucun coup d'Etat. Cependant, regrets pour l'imprudent , l'illuminé , qui provoquerait des mesures très-constitutionnelles ! Les art. 14 et 63 de la Charte de Louis XVIII fermeraient la bouche aux instigateurs des infamies, des atrocités politiques que l'on reproche avec tant d'aigreur, sans nulle raison , au Ministère actuel.

Non , nous n'avons pas l'amour du despotisme. Le Roi ne régnera que suivant les lois, suivant la Charte. Ses conseillers devront aussi exercer leur pouvoir dans le sens de la Monarchie. Louis XVIII a tracé, dans des proclamations mémorables, la conduite que ses dignes successeurs suivront fidèlement ; et, sans rappeler vos trahisons, les Ministres n'obéiront qu'à leur conscience.

NOTA. — Les Journalistes *dits* constitutionnels continuent la guerre contre les Ministres ; ils calomnient à qui mieux mieux d'honorables fonctionnaires publics : MM. de Frayssinous, Mangin, Rives, de Boisbertrand, Trouvé, ont une grande part à leurs injures ; mais, en les attaquant d'une manière aussi indécente que grossière, on s'aperçoit facilement que c'est le royalisme loyal qui vaut à ces fidèles serviteurs du Trône l'animadversion des proscripteurs de l'auguste famille des Bourbons. Qu'ils ne se laissent point intimider : les menaces du Comité directeur n'auront aucun effet, si les amis de Charles X, les Français attachés à la Monarchie, serrent leurs rangs, s'ils prennent exemple sur la coterie, que Satan pousse à l'insurrection ; s'ils demeurent unis ; de cette union seule dépend le salut de la légitimité et des libertés publiques.

www.ingramcontent.com/pod-product-compliance
Lightning Source LLC
Chambersburg PA
CBHW051738050726
47598CB00003B/1238

* 9 7 8 2 0 1 2 4 6 0 2 4 9 *